MOLIÈRE

L'AMOUR MÉDECIN

PARIS
Librairie E. Flammarion
M DCCC XCII

LES PIÈCES DE MOLIÈRE

L'AMOUR MÉDECIN

TIRAGE A PETIT NOMBRE

Il a été tiré en outre :

20 exemplaires sur papier du Japon, avec triple épreuve de la gravure (n°s 1 à 20).
25 exemplaires sur papier de Chine fort, avec double épreuve de la gravure (n°s 21 à 45).
25 exemplaires sur papier Whatman, avec double épreuve de la gravure (n°s 46 à 70).
───
70 exemplaires, numérotés.

L'AMOUR MEDECIN
(Acte III, Scène VI)

MOLIÈRE

L'AMOUR MÉDECIN

COMÉDIE EN TROIS ACTES

AVEC UNE NOTICE ET DES NOTES

PAR

GEORGES MONVAL

Dessin de L. Leloir

GRAVÉ A L'EAU-FORTE PAR CHAMPOLLION

PARIS

LIBRAIRIE DES BIBLIOPHILES

E. FLAMMARION SUCCESSEUR

Rue Racine, 26, près de l'Odéon

M DCCC XCII

NOTICE
SUR
L'AMOUR MÉDECIN

La verve satirique du grand Railleur, poursuivant partout et toujours le faux savoir, la sottise, le mensonge et le charlatanisme, ne pouvait épargner le corps des médecins.

La scène épisodique de DOM JUAN, impie même en médecine, n'avait été qu'un combat d'avant-garde : L'AMOUR MÉDECIN engagea la bataille.

Molière n'eut pas grand temps pour s'y préparer : le 14 août 1665, à Saint-Germain-en-Laye, il n'était pas question d'un divertissement nouveau, et le 14 septembre, un mois jour pour jour après avoir reçu le titre de « Troupe du Roy », avec pension de six mille livres, les comédiens du Palais-Royal représentaient à Versailles la comédie-ballet de L'AMOUR MÉDECIN, « le plus précipité, — c'est Molière qui parle, — de tous les divertissements que Sa Majesté *m'ait commandés ; proposé, fait, appris et représenté en cinq jours ».*

C'était être pris de court ; mais le génie a ses greniers toujours pleins : il n'attend pas, comme le faiseur et le fabricant, la commande pour s'approvisionner ; sa fonction est d'observer sans cesse et de butiner partout.

En dehors des plaisanteries traditionnelles sur la médecine, atteintes légères et à fleur de peau, qu'il avait pu hériter de Guillot-Gorju, traître et parjure à la Faculté, Molière n'avait-il pas été malade? Et, s'il n'avait pas lui-même souffert des médecins, tout enfant il avait constaté l'impuissance de leur art au lit de mort de sa mère, et récemment, hélas! près du berceau de son premier-né ; il se souvenait surtout de la dernière maladie de Mazarin.

Les médecins du cardinal, réunis à Vincennes, avaient joué là une scène digne de ses pinceaux. Gui-Patin, qui n'est pas tendre pour ses confrères (savantissimi doctores!), parle ainsi de cette fameuse consultation :

« Le 6 mars (1661), à deux heures, dans le bois de Vincennes, quatre de ses médecins, Guénault, Valot, Brayer et des Fougerais, altercaient ensemble, et ne s'accordaient pas de l'espèce de la maladie dont le malade mourait. Brayer dit que la rate est gâtée, Guénault dit que c'est le foie, Valot que c'est le poumon, des Fougerais un abcès du mésentère.

Ne voilà pas d'habiles gens! Ce sont les fourberies ordinaires des empiriques et des médecins de cour, qu'on fait suppléer à l'ignorance. »

Trois jours plus tard, Mazarin était mort.

*Il n'en fallait pas davantage pour semer dans le cerveau de Molière l'idée d'une satire, qu'il exécuterait à son heure. On a voulu y ajouter le prétexte d'une querelle domestique avec la femme d'un médecin dont Molière tenait son appartement; mais rien n'est moins prouvé, et ni l'*ÉLOMIRE HYPOCONDRE *ni Grimarest ne sont assez précis pour qu'on puisse accepter sans preuves une anecdote qui rapetisserait le rôle de justicier aux mesquineries d'une vengeance personnelle* [1].

Ce qui est avéré, c'est que Molière ruminait une comédie des MÉDECINS *quand, pressé par le roi d'improviser un divertissement pour Versailles, il ébaucha la consultation des premiers médecins de la cour, reconnaissables sous leurs noms de théâtre, et de ce crayon rapide il fit l'attrait principal, — le clou, dirait-on aujourd'hui, — de sa comédie-ballet.*

On travaillait vite en cet âge d'or du théâtre: LES FACHEUX *avaient été rimés en quinze jours;*

---

[1]. Nous admettons toutefois que Molière fut le locataire d'un médecin. N'avait-il pas habité, avant 1665, la maison du chirurgien Dionis, au n° 34 actuel de la rue Richelieu, regardée longtemps par erreur comme la maison mortuaire, qui est plus loin, au n° 40?

Molière, donnant à Racine le plan de sa Thébaïde, *ne lui accordait que six semaines pour l'exécution des cinq actes* [1], *et cinq jours devaient lui suffire pour mettre sur pied son petit impromptu des* « Médecins ».

Il pria son ami Despréaux de choisir des noms grecs qui les déguiseraient et les désigneraient à la fois, et, à l'heure marquée, le comédien-auteur put présenter à Louis XIV, dans une amusante bouffonnerie digne d'Aristophane, les principaux « archiâtres auliques » : D'Aquin, médecin du roi par quartier; André Esprit, premier médecin de la reine mère; Hélie Beda des Fougerais, déjà nommé, et François Guénault, premier médecin de la reine, sous les noms significatifs de MM. Tomès, Bahys, des Fonandrès et Macroton.

Les Quatre Médecins, *voilà le vrai titre de la pièce, et, par abréviation,* les Médecins. *Il y en a bien un cinquième, M. Filerin; mais celui-là, dans lequel on a cru reconnaître Yvelin, médecin de Madame, serait plutôt un être collectif, allégorique, personnifiant la Faculté, et ce n'est pas sans dessein que Molière lui a malicieusement donné le nom d'un certain maître en fait d'armes, André Filerin, qui enseignait, à cette date, à « tuer son homme par raison démonstrative ».*

Il faut d'ailleurs renoncer à identifier complète-

---

[1]. La Grange-Chancel, préface de ses Œuvres.

ment aucun de ces rôles avec le médecin qu'il semble désigner : c'est, par exemple, des Fonandrès (des Fougerais) qui, dans la pièce, parle de son cheval, et l'on sait que ce trait s'appliquait réellement à Guénault; de même pour la saignée, de même pour l'émétique : aussi a-t-on parfois nommé Valot pour d'Aquin, et Brayer pour Esprit. Mais, pas plus que dans ses autres comédies, Molière n'a voulu faire des portraits : il s'était publiquement expliqué là-dessus dans son IMPROMPTU DE VERSAILLES. C'est dire ce qu'il faut penser de la légende des masques qu'il aurait fait faire pour chacun de ses personnages, jusqu'au jour où des documents certains, tels qu'un compte de fournitures, viendraient confirmer le racontar de Gui-Patin et de Cizeron-Rival.

Après un relâche d'une semaine, consacrée aux préparatifs et répétitions, la troupe partit le dimanche 13 septembre 1665 pour Versailles, où elle représenta L'ÉCOLE DES MARIS et L'IMPROMPTU, et, le lendemain lundi 14, L'AMOUR MÉDECIN, « dans le parc », dit LA GAZETTE; — probablement

(La chaleur étant modérée
Et la fraîcheur bien tempérée)

sur ce théâtre « tout garni d'orangers » qui, trois mois plus tôt, avait servi de cadre au FAVORI de Mlle des Jardins. Le Roi, la Reine, le Dauphin, Monsieur, Madame, Mademoiselle, Mlle d'Alençon, *y assistaient, les dames en costumes d'amazones, entre une chasse et un festin. Mayolas et Robinet, dans leurs* LETTRES EN VERS, *se sont étendus sur le château, les jardins, le soleil, les rossignols, les invités, les collations et la promenade; ils ne disent qu'un mot de la pièce :*

> Une comédie agréable,
> Aussi galante qu'admirable,
> Par des actes plaisants et beaux
> Leur donna des plaisirs nouveaux.
> Un ballet de plusieurs entrées
> En bien peu de temps préparées
> Accrut la jovialité
> De l'ouvrage peu médité
> De Molière, qui d'ordinaire
> A le bonheur et l'art de plaire,

dit le premier. Et Robinet ajoute :

> Achevons. Pour la fête entière,
> L'admirable et plaisant Molière,
> Le Mome des terrestres dieux
> Comme l'autre est Molière aux cieux,
> Illec, avec sa Compagnie,
> Fit admirer son gai génie.
> Son jeu fut mêlé d'un ballet
> Qui fut trouvé drôle et follet,
> Et des voix pleines de merveilles
> Ravirent toutes les oreilles.

Voilà tout le détail qui nous est parvenu de cette première représentation, suivie de deux autres, les mardi 15 et mercredi 16.

Tâchons d'en rétablir la distribution originale.

Molière, naturellement, joua Sganarelle, comme dans
LE COCU, L'ÉCOLE DES MARIS, LE MARIAGE FORCÉ et
DOM JUAN. *L'inventaire de* 1673 *décrit ainsi son
costume :* « *pourpoint de petit satin découpé sur roc
d'or, le manteau et chausses de velours à fond d'or,
garni de ganse et boutons.* » *Son camarade La
Grange joua M. Josse et Clitandre, et l'on s'explique difficilement qu'il ait, pour ces deux rôles modestement habillés, reçu* 300 *livres, la plus forte des
indemnités touchées pour les costumes des onze pièces* « *faites pour les plaisirs du Roy*[1] ».

*Louis Béjard, le boiteux, joua des Fonandrès; Du
Croisy, probablement Macroton; Hubert, Bahys;
La Thorillière, M. Guillaume et Filerin; De Brie,
Tomès et le notaire.*

*A Madeleine Béjard revenait de droit le rôle de
Lisette.* Mlle *Molière, à peine relevée de couches, dut
laisser Lucinde à* Mlle *de Brie;* Mlle *Hervé joua
Aminte, et* Mlle *Marotte Lucrèce, qu'elle conserva
quand elle devint* Mlle *La Grange.*

---

1. Pour *la Princesse d'Élide*, pour *les Amants magnifiques*, pour *Psyché*, dont la représentation exige, dans ces rôles de princes, des costumes brodés d'or et d'argent, des plumes, des pierreries, il reçoit seulement 200 livres, et, pour un petit marchand et un amoureux affublé d'un habit de médecin, 300 ! La Grange aurait-il donc encore représenté quelque autre personnage dans les Intermèdes, ou cette représentation de Versailles aurait-elle été exceptionnellement brillante ? Je pose la question sans la résoudre.

Mlle Hilaire chanta dans le prologue et au dénouement les couplets de la Comédie; quant à l'Orviétan, écrit pour voix de basse, nous hasardons le nom d'Estival, la partition copiée par Philidor ne donnant pas la distribution des rôles, à moins que « l'incomparable M. Lulli » lui-même n'ait voulu faire l'Opérateur, en souvenir de ses débuts à Florence [1].

Le jeudi 17 septembre, la troupe revint à Paris, mais elle ne rouvrit le théâtre que le dimanche 20, par LE FAVORI et L'ÉCOLE DES MARIS; et le mardi 22, huit jours seulement après la première à la cour, la ville put applaudir aussi L'AMOUR MÉDECIN, joué comme « petite pièce » à la suite du FAVORI.

La comédie, privée des « ornements », musique et danse, qui l'accompagnaient chez le roi, n'eut pas moins de succès, puisqu'elle fournit, jusqu'au 29 novembre, vingt-sept représentations consécutives, escortant tantôt LE FAVORI, LA THÉBAIDE, LES VISIONNAIRES, SERTORIUS, MARIANNE, LE MENTEUR, tantôt LA MÈRE COQUETTE, comédie nouvelle de Donneau de Vizé.

Ce fut elle encore qui, le 8 novembre, accompagna TARTUFFE en visite au château du Raincy, chez la princesse Palatine, par ordre de M. le prince de Condé.

---

1. Deux ans plus tôt, en 1663, Lulli avait chanté, au château de Vincennes, l'opérateur du ballet *les Noces de village*.

*Arrêté par les représentations de l'*ALEXANDRE *de* Racine *(dont la première eut lieu le 4 décembre), puis par une maladie grave de son auteur et principal interprète, et par la mort de la reine mère, qui fit fermer les théâtres,* L'AMOUR MÉDECIN *ne reparut qu'à la réouverture du 21 février 1666, avec* SERTORIUS, *et fut représenté huit fois jusqu'à Pâques, puis encore deux fois jusqu'à la première du* MISANTHROPE. *Négligé quelque temps pour un nouveau Sganarelle, celui du* MÉDECIN MALGRÉ LUI, *le compère de MM. Josse et Guillaume ne remonta sur le théâtre que le 8 octobre, et seulement huit fois jusqu'à la fin de l'année comique.*

De Pâques 1667 au 9 octobre 1672 [1], L'AMOUR MÉDECIN *eut encore dix-huit représentations, soit un total de soixante-quatre du vivant de l'auteur.*

Remis sur l'affiche de Guénégaud le 26 décembre 1673, il est presque toujours resté au répertoire, mais en subissant des modifications dont il faut ici dire un mot.

On sait que, de tout temps, les comédiens ont pris certaines privautés avec les œuvres anciennes. Peu de pièces ont plus souffert de leur indiscrète collaboration que L'AMOUR MÉDECIN. *Un demi-siècle après la*

---

1. A cette dernière représentation (c'était un dimanche), on jeta des pierres aux acteurs, et Molière reçut du parterre « le gros bout d'une pipe à fumer ». (Campardon, *Documents inédits*, p. 34.)

mort de Molière, on le désignait couramment sous ce titre : LES QUATRE MÉDECINS, le rôle de Filerin étant entièrement supprimé.

Sous Louis XVI, L'AMOUR MÉDECIN était réduit à un acte; on retranchait, même à la cour, deux autres médecins, Macroton et Bahys. Il est vrai qu'en compensation la distribution était de premier ordre : Préville jouait Tomès; Monvel, Champagne, personnage muet à l'origine, mais auquel on faisait dire alors une dizaine de lignes; les bouts de rôle de M. Guillaume, d'Aminte et de Lucrèce étaient tenus par le tragédien Brizard, la charmante soubrette Fanier et la fameuse Dumesnil, tous chefs d'emplois.

Sous Louis-Philippe, on jouait la pièce encore en un acte, mais avec les quatre médecins.

Le 15 janvier 1850, M. Arsène Houssaye remit L'AMOUR MÉDECIN en trois actes, avec MM. Provost, Maillart, Mlles Aug. Brohan, Fix, Favart, etc., et rétablit le personnage de M. Filerin, représenté par Volnys. Trois entr'actes, spécialement écrits par Alexandre Dumas pour accompagner cette reprise, n'eurent pas le succès attendu. La pièce ne fut jouée que trois fois, malgré le concours des artistes de l'Opéra, chargés des divertissements de musique et de danse, qui exécutèrent, entre autres, EL ZAPATEADO.

A la reprise de 1861, qui fournit quinze représentations très espacées, M. Édouard Thierry réduisit la pièce à deux actes, en supprimant de nouveau le rôle de Filerin et modifiant plusieurs passages du texte original, surtout au dénouement. M. Talbot jouait Sganarelle; M. Coquelin, Macroton.

Le 20 décembre 1880, l'Opéra-Comique en a donné un habile arrangement de Charles Monselet, au seul profit du musicien, M. Poise, déclaré vainqueur de Lulli.

Enfin, tout récemment (23 avril 1891), la Comédie-Française a repris la pièce intégrale, en trois actes, telle qu'elle fut écrite ou plutôt improvisée par Molière, sauf le prologue et les intermèdes, avec la distribution suivante :

Sganarelle.	MM. Leloir.
Clitandre	Boucher.
M. Tomés	Clerh.
M. des Fonandrès.	Villain.
M. Macroton	Garraud.
M. Bahys.	Truffier.
M. Filerin	Laugier.
M. Guillaume.	Hamel.
M. Josse.	Roger.
Un notaire	Falconnier.
Lucinde	Mlles Bertiny.
Lisette	Lynnès.
Lucrèce.	Frémaux.
Aminte.	Amel.

Cette reprise n'a donné, à l'heure présente, que six représentations en neuf mois. La pièce a perdu son principal attrait, celui de l'actualité (que nous fait aujourd'hui la querelle de Théophraste et d'Artémius?); les allusions aux médecins de la cour ne sont *plus comprises, les traditions se sont à peu près perdues, et, si l'on supprimait le personnage essentiel de M. Filerin, qui rassemble les traits les plus forts contre la médecine de tous les temps, autant vaudrait rayer l'ouvrage du répertoire, quelles que soient et la valeur comique du rôle de Sganarelle et la joie que donne toujours à l'oreille ce savoureux langage d'autrefois.*

La publication de L'AMOUR MÉDECIN *suivit de quatre mois la première représentation : le privilège est du 30 décembre 1665, l'achevé d'imprimer du 15 janvier suivant. L'édition originale renferme une curieuse figure gravée, qui a été à très peu près reproduite par Brissart et Sauvé pour l'édition de 1682 : elle représente la scène du second acte, dans laquelle Sganarelle donne de l'argent aux quatre médecins, à étudier au point de vue du costume.*

Une seconde édition parut en 1669, une troisième en 1674, toutes deux sans figures.

On n'a pas signalé jusqu'ici de livret des intermèdes. On a dû cependant distribuer, ne fût-ce qu'en placard, aux augustes spectateurs de Versailles, un programme analogue à ceux du MARIAGE FORCÉ *et de* LA PRINCESSE D'ÉLIDE, *imprimés par Robert Ballard. Nous recommandons cette feuille volante à l'attention des chercheurs, nous la souhaitons à leur vigilante curiosité.*

GEORGES MONVAL.

L'AMOUR MÉDECIN

COMÉDIE EN TROIS ACTES

AU LECTEUR

Ce n'est ici qu'un simple crayon, un petit impromptu, dont le Roi a voulu se faire un divertissement. Il est le plus précipité de tous ceux que Sa Majesté m'ait commandés, et, lorsque je dirai qu'il a été proposé, fait, appris et représenté en cinq jours, je ne dirai que ce qui est vrai. Il n'est pas nécessaire de vous avertir qu'il y a beaucoup de choses qui dépendent de l'action : on sait bien que les comédies ne sont faites que pour être jouées, et je ne conseille de lire celle-ci qu'aux personnes qui ont des yeux pour découvrir dans la lecture tout le jeu du théâtre. Ce que je vous dirai, c'est qu'il seroit à souhaiter que ces sortes d'ouvrages pussent toujours se montrer à vous avec les ornements qui les accompagnent chez le Roi. Vous les verriez dans un état beaucoup plus supportable, et les airs et les symphonies de l'incomparable monsieur Lully, mêlés à la beauté des voix et à l'adresse des danseurs, leur donnent, sans doute, des grâces dont ils ont toutes les peines du monde à se passer.

LES PERSONNAGES

SGANARELLE, père de Lucinde.
AMINTE.
LUCRÈCE.
M. GUILLAUME, vendeur de tapisseries.
M. JOSSE, orfèvre.
LUCINDE, fille de Sganarelle.
LISETTE, suivante de Lucinde.
M. TOMÈS,
M. DES FONANDRÈS,
M. MACROTON, } médecins.
M. BAHYS,
M. FILERIN,
CLITANDRE, amant de Lucinde.
UN NOTAIRE.

L'OPÉRATEUR, Orviétan.
Plusieurs TRIVELINS et SCARAMOUCHES.
LA COMÉDIE.
LA MUSIQUE.
LE BALLET.

La scène est à Paris, dans une salle de la maison de Sganarelle.

PROLOGUE

LA COMÉDIE, LA MUSIQUE ET LE BALLET

La Comédie.
Quittons, quittons notre vaine querelle,
Ne nous disputons point nos talents tour à tour,
Et d'une gloire plus belle
Piquons-nous en ce jour.
Unissons-nous tous trois d'une ardeur sans seconde
Pour donner du plaisir au plus grand roi du monde.
Tous Trois.
Unissons-nous...
La Comédie.
De ses travaux, plus grands qu'on ne peut croire,
Il se vient quelquefois délasser parmi nous.
Est-il de plus grande gloire?
Est-il bonheur plus doux?
Unissons-nous tous trois...
Tous Trois.
Unissons-nous...

L'AMOUR MÉDECIN

ACTE PREMIER

SCÈNE PREMIÈRE

SGANARELLE, AMINTE, LUCRÈCE, M. GUILLAUME, M. JOSSE.

SGANARELLE.

Ah! l'étrange chose que la vie! et que je puis bien dire, avec ce grand philosophe de l'antiquité, que qui terre a guerre a, et qu'un malheur ne vient jamais sans l'autre. Je n'avois qu'une seule femme, qui est morte.

M. GUILLAUME.

Et combien donc en voulez-vous avoir?

SGANARELLE.

Elle est morte, Monsieur mon ami ; cette perte m'est très sensible, et je ne puis m'en ressouvenir sans pleurer. Je n'étois pas fort satisfait de sa conduite, et nous avions le plus souvent dispute ensemble ; mais enfin la mort rajuste toutes choses. Elle est morte, je la pleure. Si elle étoit en vie, nous nous querellerions. De tous les enfants que le Ciel m'avoit donnés, il ne m'a laissé qu'une fille, et cette fille est toute ma peine : car enfin je la vois dans une mélancolie la plus sombre du monde, dans une tristesse épouvantable dont il n'y a pas moyen de la retirer, et dont je ne saurois même apprendre la cause. Pour moi, j'en perds l'esprit, et j'aurois besoin d'un bon conseil sur cette matière. (*A Lucrèce.*) Vous êtes ma nièce ; (*à Aminte*) vous, ma voisine, (*à M. Guillaume et à M. Josse*) et vous, mes compères et mes amis : je vous prie de me conseiller tous ce que je dois faire.

M. JOSSE.

Pour moi, je tiens que la braverie et l'ajustement est la chose qui réjouit le plus les filles, et, si j'étois que de vous, je lui achèterois dès aujourd'hui une belle garniture de diamants, ou de rubis, ou d'émeraudes.

M. GUILLAUME.

Et moi, si j'étois en votre place, j'achèterois une belle tenture de tapisserie de verdure, ou à personnages, que je ferois mettre à sa chambre pour lui réjouir l'esprit et la vue.

AMINTE.

Pour moi, je ne ferois point tant de façon, et je la marierois fort bien, et le plus tôt que je pourrois, avec cette personne qui vous la fit, dit-on, demander il y a quelque temps.

LUCRÈCE.

Et moi, je tiens que votre fille n'est point du tout propre pour le mariage. Elle est d'une complexion trop délicate et trop peu saine, et c'est la vouloir envoyer bientôt en l'autre monde que de l'exposer, comme elle est, à faire des enfants. Le monde n'est point du tout son fait, et je vous conseille de la mettre dans un couvent, où elle trouvera des divertissements qui seront mieux de son humeur.

SGANARELLE.

Tous ces conseils sont admirables assurément; mais je les tiens un peu intéressés, et trouve que vous me conseillez fort bien pour vous. Vous êtes orfèvre, Monsieur Josse, et votre conseil sent son homme qui a envie de se défaire de sa marchandise. Vous vendez des tapisseries, Monsieur Guillaume, et vous avez la mine d'avoir quelque tenture qui vous incommode. Celui que vous aimez, ma voisine, a, dit-on, quelque inclination pour ma fille, et vous ne seriez pas fâchée de la voir la femme d'un autre. Et quant à vous, ma chère nièce, ce n'est pas mon dessein, comme on sait, de marier ma fille avec qui que ce soit, et j'ai mes raisons pour cela; mais le conseil que vous me donnez de la faire religieuse est d'une femme qui pourroit bien souhaiter charitablement d'être mon héritière universelle. Ainsi, Messieurs et Mesdames, quoique tous vos conseils soient les meilleurs du monde, vous trouverez bon, s'il vous plaît, que je n'en suive aucun. Voilà de mes donneurs de conseils à la mode!

SCÈNE II

LUCINDE, SGANARELLE.

SGANARELLE.

Ah! voilà ma fille qui prend l'air. Elle ne me voit pas. Elle soupire. Elle lève les yeux au ciel. (*A Lucinde.*) Dieu vous gard! Bonjour, ma mie. Hé bien! qu'est-ce? Comme vous en va? Hé quoi! toujours triste et mélancolique comme cela, et tu ne veux pas me dire ce que tu as? Allons donc, découvre-moi ton petit cœur; là, ma pauvre mie, dis, dis; dis tes petites pensées à ton petit papa mignon. Courage! Veux-tu que je te baise? Viens. (*A part.*) J'enrage de la voir de cette humeur-là. (*A Lucinde.*) Mais, dis-moi, me veux-tu faire mourir de déplaisir, et ne puis-je savoir d'où vient cette grande langueur? Découvre-m'en la cause, et je te promets que je ferai toutes choses pour toi. Oui, tu n'as qu'à me dire le sujet de ta tristesse, je t'assure ici et te fais serment qu'il n'y a rien que je ne fasse pour te satisfaire. C'est tout dire. Est-ce que tu es jalouse de quelqu'une de tes compagnes que tu voies plus brave que toi, et seroit-il quelque étoffe nouvelle dont tu voulusses avoir un habit? Non. Est-ce que ta chambre ne te semble pas assez parée, et que tu souhaiterois quelque cabinet de la foire Saint-Laurent? Ce n'est pas cela. Aurois-tu envie d'apprendre quelque chose, et veux-tu que je te donne un maître pour te montrer à jouer du clavecin? Nenni. Aimerois-tu quelqu'un, et souhaiterois-tu d'être mariée?

(*Lucinde lui fait signe que c'est cela.*)

SCÈNE III

LISETTE, SGANARELLE, LUCINDE.

LISETTE.

Hé bien, Monsieur, vous venez d'entretenir votre fille. Avez-vous su la cause de sa mélancolie?

Sganarelle.

Non, c'est une coquine qui me fait enrager.

Lisette.

Monsieur, laissez-moi faire, je m'en vais la sonder un peu.

Sganarelle.

Il n'est pas nécessaire, et, puisqu'elle veut être de cette humeur, je suis d'avis qu'on l'y laisse.

Lisette.

Laissez-moi faire, vous dis-je; peut-être qu'elle se découvrira plus librement à moi qu'à vous. Quoi! Madame, vous ne nous direz point ce que vous avez, et vous voulez affliger ainsi tout le monde? Il me semble qu'on n'agit point comme vous faites, et que, si vous avez quelque répugnance à vous expliquer à un père, vous n'en devez avoir aucune à me découvrir votre cœur. Dites-moi, souhaitez-vous quelque chose de lui? Il nous a dit plus d'une fois qu'il n'épargneroit rien pour vous contenter. Est-ce qu'il ne vous donne pas toute la liberté que vous souhaiteriez, et les promenades et les cadeaux ne tenteroient-ils point votre âme? Heu! Avez-vous reçu quelque déplaisir de quelqu'un? Heu! N'auriez-vous point quelque secrète inclination avec qui vous souhaiteriez que votre père vous mariât? Ah! je vous entends. Voilà l'affaire. Que diable! pour-

quoi tant de façons? Monsieur, le mystère est
découvert, et...

SGANARELLE, *l'interrompant.*

Va, fille ingrate, je ne te veux plus parler, et je
te laisse dans ton obstination.

LUCINDE.

Mon père, puisque vous voulez que je vous dise
la chose...

SGANARELLE.

Oui, je perds toute l'amitié que j'avois pour
toi.

LISETTE.

Monsieur, sa tristesse...

SGANARELLE.

C'est une coquine qui me veut faire mourir.

LUCINDE.

Mon père, je veux bien...

SGANARELLE.

Ce n'est pas la récompense de t'avoir élevée
comme j'ai fait.

LISETTE.

Mais, Monsieur...

SGANARELLE.

Non, je suis contre elle dans une colère épouvantable.

LUCINDE.

Mais, mon père...

SGANARELLE.

Je n'ai plus aucune tendresse pour toi.

LISETTE.

Mais...

SGANARELLE.

C'est une friponne.

LUCINDE.

Mais...

SGANARELLE.

Une ingrate.

LISETTE.

Mais...

SGANARELLE.

Une coquine qui ne me veut pas dire ce qu'elle a.

LISETTE.

C'est un mari qu'elle veut.

SGANARELLE, *faisant semblant de ne pas entendre.*

Je l'abandonne.

LISETTE.

Un mari !

SGANARELLE.

Je la déteste.

LISETTE.

Un mari !

SGANARELLE.

Et la renonce pour ma fille.

LISETTE.
Un mari!
SGANARELLE.
Non, ne m'en parlez point.
LISETTE.
Un mari!
SGANARELLE.
Ne m'en parlez point.
LISETTE.
Un mari!
SGANARELLE.
Ne m'en parlez point.
LISETTE.
Un mari, un mari, un mari!

SCÈNE IV

LISETTE, LUCINDE.

LISETTE.
On dit bien vrai, qu'il n'y a point de pires sourds que ceux qui ne veulent point entendre.
LUCINDE.
Hé bien, Lisette, j'avois tort de cacher mon déplaisir, et je n'avois qu'à parler pour avoir tout ce que je souhaitois de mon père! Tu le vois.

LISETTE.

Par ma foi, voilà un vilain homme, et je vous avoue que j'aurois un plaisir extrême à lui jouer quelque tour. Mais d'où vient donc, Madame, que jusqu'ici vous m'avez caché votre mal?

LUCINDE.

Hélas! de quoi m'aurait servi de te le découvrir plus tôt? et n'aurois-je pas autant gagné à le tenir caché toute ma vie? Crois-tu que je n'aie pas bien prévu tout ce que tu vois maintenant, que je ne susse pas à fond tous les sentiments de mon père, et que le refus qu'il a fait porter à celui qui m'a demandée par un ami n'ait pas étouffé dans mon âme toute sorte d'espoir?

LISETTE.

Quoi! c'est cet inconnu qui vous a fait demander pour qui vous...

LUCINDE.

Peut-être n'est-il pas honnête à une fille de s'expliquer si librement; mais enfin je t'avoue que, s'il m'étoit permis de vouloir quelque chose, ce seroit lui que je voudrois. Nous n'avons eu ensemble aucune conversation, et sa bouche ne m'a pas déclaré la passion qu'il a pour moi; mais, dans tous les lieux où il m'a pu voir, ses regards et ses actions m'ont toujours parlé si tendrement, et la demande qu'il a fait faire de moi m'a paru d'un si honnête homme, que mon cœur n'a pu s'empêcher d'être sensible à ses ardeurs ; et cependant tu vois où la dureté de mon père réduit toute cette tendresse.

LISETTE.

Allez, laissez-moi faire. Quelque sujet que j'aie de me plaindre de vous du secret que vous m'avez fait, je ne veux pas laisser de servir votre amour, et, pourvu que vous ayez assez de résolution...

LUCINDE.

Mais que veux-tu que je fasse contre l'autorité d'un père ? et, s'il est inexorable à mes vœux...

LISETTE.

Allez, allez, il ne faut pas se laisser mener comme un oison, et, pourvu que l'honneur n'y soit pas offensé, on peut se libérer un peu de la tyrannie d'un père. Que prétend-il que vous fassiez ? N'êtes-vous pas en âge d'être mariée ? et croit-il que vous soyez de marbre ? Allez, encore un coup, je veux servir votre passion ; je prends dès à présent sur moi tous le soin de ses intérêts, et vous verrez que je sais des détours... Mais je vois votre père. Rentrons, et me laissez agir.

L'Amour médecin.

SCÈNE V

SGANARELLE.

Il est bon quelquefois de ne point faire semblant d'entendre les choses qu'on n'entend que trop bien, et j'ai fait sagement de parer la déclaration d'un désir que je ne suis pas résolu de contenter. A-t-on jamais rien vu de plus tyrannique que cette coutume où l'on veut assujettir les pères ; rien de plus impertinent et de plus ridicule que d'amasser du bien avec de grands travaux, et élever une fille avec beaucoup de soin et de tendresse, pour se dépouiller de l'un et de l'autre entre les mains d'un homme qui ne nous touche de rien? Non, non. Je me moque de cet usage, et je veux garder mon bien et ma fille pour moi.

SCÈNE VI

LISETTE, SGANARELLE.

Lisette, *feignant de ne pas voir Sganarelle.*
Ah! malheur! ah! disgrâce! ah! pauvre seigneur Sganarelle! où pourrai-je te rencontrer?

ACTE I, SCÈNE VI.

SGANARELLE.

Que dit-elle là ?

LISETTE, *même jeu.*

Ah ! misérable père ! que feras-tu quand tu sauras cette nouvelle ?

SGANARELLE.

Que sera-ce ?

LISETTE.

Ma pauvre maîtresse !

SGANARELLE.

Je suis perdu !

LISETTE.

Ah !

SGANARELLE.

Lisette !

LISETTE.

Quelle infortune !

SGANARELLE.

Lisette !

LISETTE.

Quel accident !

SGANARELLE.

Lisette !

LISETTE.

Quelle fatalité !

SGANARELLE.

Lisette !

LISETTE.

Ah! Monsieur!

SGANARELLE.

Qu'est-ce?

LISETTE.

Monsieur!

SGANARELLE.

Qu'y a-t-il?

LISETTE.

Votre fille.

SGANARELLE.

Ah! ah!

LISETTE.

Monsieur, ne pleurez donc point comme cela, car vous me feriez rire.

SGANARELLE.

Dis donc vite.

LISETTE.

Votre fille, toute saisie des paroles que vous lui avez dites et de la colère effroyable où elle vous a vu contre elle, est montée vite dans sa chambre, et, pleine de désespoir, a ouvert la fenêtre qui regarde sur la rivière.

SGANARELLE.

Hé bien?

LISETTE.

Alors, levant les yeux au ciel : « Non, a-t-elle dit, il m'est impossible de vivre avec le courroux de mon père, et, puisqu'il me renonce pour sa fille, je veux mourir. »

SGANARELLE.

Elle s'est jetée?

LISETTE.

Non, Monsieur, elle a fermé tout doucement la fenêtre, et s'est allée mettre sur son lit. Là, elle s'est prise à pleurer amèrement, et tout d'un coup son visage a pâli, ses yeux se sont tournés, le cœur lui a manqué, et elle m'est demeurée entre les bras.

SGANARELLE.

Ah! ma fille!

LISETTE.

A force de la tourmenter, je l'ai fait revenir; mais cela lui reprend de moment en moment, et je crois qu'elle ne passera pas la journée.

SGANARELLE.

Champagne! Champagne! Champagne! vite, qu'on m'aille quérir des médecins, et en quantité; on n'en peut trop avoir dans une pareille aventure. Ah! ma fille! ma pauvre fille!

PREMIER ENTR'ACTE

Champagne, en dansant, frappe aux portes de quatre médecins, qui dansent et entrent avec cérémonie chez le père de la malade.

ACTE II

SCÈNE PREMIÈRE
SGANARELLE, LISETTE.

LISETTE.

Que voulez-vous donc faire, Monsieur, de quatre médecins ? N'est-ce pas assez d'un pour tuer une personne ?

SGANARELLE.

Taisez-vous. Quatre conseils valent mieux qu'un.

LISETTE.

Est-ce que votre fille ne peut pas bien mourir sans le secours de ces messieurs-là ?

SGANARELLE.

Est-ce que les médecins font mourir ?

LISETTE.

Sans doute, et j'ai connu un homme qui prou-

voit par bonnes raisons qu'il ne faut jamais dire :
« Une telle personne est morte d'une fièvre et
d'une fluxion sur la poitrine », mais : « Elle est
morte de quatre médecins et de deux apothicaires. »

SGANARELLE.

Chut ! n'offensez pas ces messieurs-là.

LISETTE.

Ma foi ! Monsieur, notre chat est réchappé
depuis peu d'un saut qu'il fit du haut de la maison
dans la rue, et il fut trois jours sans manger et
sans pouvoir remuer ni pied ni patte; mais il est
bien heureux de ce qu'il n'y a point de chats médecins, car ses affaires étoient faites, et ils n'auroient pas manqué de le purger et de le saigner.

SGANARELLE.

Voulez-vous vous taire? vous dis-je. Mais
voyez quelle impertinence ! Les voici.

LISETTE.

Prenez garde, vous allez être bien édifié : ils
vous diront en latin que votre fille est malade.

SCÈNE II

MESSIEURS TOMÈS, DES FONANDRÈS, MACROTON et BAHYS, médecins, SGANARELLE, LISETTE.

SGANARELLE.
Hé bien ! Messieurs ?

M. TOMÈS.
Nous avons vu suffisamment la malade, et sans doute qu'il y a beaucoup d'impuretés en elle.

SGANARELLE.
Ma fille est impure ?

M. TOMÈS.
Je veux dire qu'il y a beaucoup d'impuretés dans son corps, quantité d'humeurs corrompues.

SGANARELLE.
Ah ! je vous entends.

M. TOMÈS.
Mais... nous allons consulter ensemble.

SGANARELLE.
Allons, faites donner des sièges.

LISETTE, à *M. Tomès*.
Ah ! Monsieur, vous en êtes ?

SGANARELLE.
De quoi donc connoissez-vous monsieur ?

ACTE II, SCÈNE II

LISETTE.

De l'avoir vu l'autre jour chez la bonne amie de madame votre nièce.

M. TOMÈS.

Comment se porte son cocher?

LISETTE.

Fort bien : il est mort.

M. TOMÈS.

Mort?

LISETTE.

Oui.

M. TOMÈS.

Cela ne se peut.

LISETTE.

Je ne sais pas si cela se peut, mais je sais bien que cela est.

M. TOMÈS.

Il ne peut pas être mort, vous dis-je.

LISETTE.

Et moi je vous dis qu'il est mort et enterré.

M. TOMÈS.

Vous vous trompez.

LISETTE.

Je l'ai vu.

M. TOMÈS.

Cela est impossible. Hippocrate dit que ces sortes de maladies ne se terminent qu'au quatorze ou au vingt-un, et il n'y a que six jours qu'il est tombé malade.

LISETTE.

Hippocrate dira ce qu'il lui plaira, mais le cocher est mort.

SGANARELLE.

Paix, discoureuse! Allons, sortons d'ici. Messieurs, je vous supplie de consulter de la bonne manière. Quoique ce ne soit pas la coutume de payer auparavant, toutefois, de peur que je l'oublie, et afin que ce soit une affaire faite, voici...

(*Il les paye, et chacun, en recevant l'argent, fait un geste différent.*)

SCÈNE III

MESSIEURS DES FONANDRÈS, TOMÈS, MACROTON ET BAHYS.

(*Ils s'asseyent et toussent.*)

M. DES FONANDRÈS.

Paris est étrangement grand, et il faut faire de longs trajets quand la pratique donne un peu.

M. TOMÈS.

Il faut avouer que j'ai une mule admirable pour

cela, et qu'on a peine à croire le chemin que je lui fais faire tous les jours.

M. Des Fonandrès.

J'ai un cheval merveilleux, et c'est un animal infatigable.

M. Tomès.

Savez-vous le chemin que ma mule a fait aujourd'hui ? J'ai été premièrement tout contre l'Arsenal, de l'Arsenal au bout du faubourg Saint-Germain, du faubourg Saint-Germain au fond du Marais, du fond du Marais à la porte Saint-Honoré, de la porte Saint-Honoré au faubourg Saint-Jacques, du faubourg Saint-Jacques à la porte de Richelieu, de la porte de Richelieu ici, et d'ici je dois aller encore à la place Royale.

M. Des Fonandrès.

Mon cheval a fait tout cela aujourd'hui, et de plus j'ai été à Ruel voir un malade.

M. Tomès.

Mais, à propos, quel parti prenez-vous dans la querelle des deux médecins Théophraste et Artémius ? car c'est une affaire qui partage tout notre corps.

M. Des Fonandrès.

Moi, je suis pour Artémius.

M. Tomès.

Et moi aussi. Ce n'est pas que son avis, comme on a vu, n'ait tué le malade, et que celui de Théophraste ne fût beaucoup meilleur assurément; mais enfin il a tort dans les circonstances, et il ne devoit pas être d'un autre avis que son ancien. Qu'en dites-vous?

M. Des Fonandrès.

Sans doute. Il faut toujours garder les formalités, quoi qu'il puisse arriver.

M. Tomès.

Pour moi, j'y suis sévère en diable, à moins que ce soit entre amis, et l'on nous assembla un jour trois de nous autres avec un médecin de dehors pour une consultation, où j'arrêtai toute l'affaire, et ne voulus point endurer qu'on opinât si les choses n'alloient dans l'ordre. Les gens de la maison faisoient ce qu'ils pouvoient, et la maladie pressoit; mais je n'en voulus point démordre, et la malade mourut bravement pendant cette contestation.

M. Des Fonandrès.

C'est fort bien fait d'apprendre aux gens à vivre et de leur montrer leur bec jaune.

M. Tomès.

Un homme mort n'est qu'un homme mort, et ne fait point de conséquence; mais une formalité négligée porte un notable préjudice à tout le corps des médecins.

SCÈNE IV

SGANARELLE, MESSIEURS TOMÈS, DES FONANDRÈS, MACROTON et BAHYS.

SGANARELLE.

Messieurs, l'oppression de ma fille augmente; je vous prie de me dire vite ce que vous avez résolu.

M. TOMÈS, *à M. Des Fonandrès.*

Allons, Monsieur.

M. DES FONANDRÈS.

Non, Monsieur, parlez, s'il vous plaît.

M. TOMÈS.

Vous vous moquez.

M. DES FONANDRÈS.

Je ne parlerai pas le premier.

M. TOMÈS.

Monsieur!

M. DES FONANDRÈS.

Monsieur!

SGANARELLE.

Hé! de grâce, Messieurs, laissez toutes ces cérémonies, et songez que les choses pressent.

M. TOMÈS. (*Ils parlent tous quatre ensemble.*)

La maladie de votre fille...

M. Des Fonandrès.

L'avis de tous ces messieurs tous ensemble...

M. Macroton.

Après avoir bien consulté...

M. Bahys.

Pour raisonner...

Sganarelle.

Hé! Messieurs, parlez l'un après l'autre, de grâce!

M. Tomès.

Monsieur, nous avons raisonné sur la maladie de votre fille, et mon avis, à moi, est que cela procède d'une grande chaleur de sang : ainsi je conclus à la saigner le plus tôt que vous pourrez.

M. Des Fonandrès.

Et moi, je dis que sa maladie est une pourriture d'humeurs causée par une trop grande réplétion : ainsi je conclus à lui donner de l'émétique.

M. Tomès.

Je soutiens que l'émétique la tuera.

M. Des Fonandrès.

Et moi, que la saignée la fera mourir.

M. Tomès.

C'est bien à vous de faire l'habile homme!

M. Des Fonandrès.

Oui, c'est à moi, et je vous prêterai le collet en tout genre d'érudition.

M. Tomès.

Souvenez-vous de l'homme que vous fîtes crever ces jours passés.

M. Des Fonandrès.

Souvenez-vous de la dame que vous avez envoyée en l'autre monde il y a trois jours.

M. Tomès, *à Sganarelle.*

Je vous ai dit mon avis.

M. Des Fonandrès, *à Sganarelle.*

Je vous ai dit ma pensée.

M. Tomès.

Si vous ne faites saigner tout à l'heure votre fille, c'est une personne morte.

M. Des Fonandrès.

Si vous la faites saigner, elle ne sera pas en vie dans un quart d'heure.

SCENE V

SGANARELLE, MESSIEURS MACROTON
et BAHYS, médecins.

Sganarelle.

A qui croire des deux, et quelle résolution prendre sur des avis si opposés? Messieurs, je vous conjure de déterminer mon esprit, et de me dire sans passion ce que vous croyez le plus propre à soulager ma fille.

M. Macroton. (*Il parle en allongeant ses mots.*)

Mon-si-eur. dans. ces. ma-ti-è-res-là. il. faut. pro-cé-der. a-vec-que. cir-con-spec-ti-on. et. ne. ri-en. fai-re. com-me. on. dit. à. la. vo-lé-e. d'au-tant. que. les. fau-tes. qu'on. y. peut. fai-re. sont. se-lon. no-tre. maî-tre. Hip-po-cra-te. d'u-ne. dan-ge-reu-se. con-sé-quen-ce.

M. Bahys. (*Celui-ci parle toujours en bredouillant.*)

Il est vrai. Il faut bien prendre garde à ce qu'on fait : car ce ne sont pas ici des jeux d'enfant, et, quand on a failli, il n'est pas aisé de réparer le manquement et de rétablir ce qu'on a gâté. *Experimentum periculosum.* C'est pourquoi il s'agit de raisonner auparavant comme il faut, de peser mûrement les choses, de regarder le tempérament des gens, d'examiner les causes de la maladie, et de voir les remèdes qu'on y doit apporter.

Sganarelle.

L'un va en tortue, et l'autre court la poste.

M. Macroton.

Or. Mon-si-eur. pour. ve-nir. au. fait. je. trou-ve. que. vo-tre. fil-le. a. u-ne. ma-la-di-e. chro-ni-que. et. qu'el-le. peut. pé-ri-cli-ter. si.

ACTE II, SCÈNE V

on. ne. lui. don-ne. du. se-cours. d'au-tant. que. les. sym-ptô-mes. qu'el-le. a. sont. in-di-ca-tifs. d'u-ne. va-peur. fu-li-gi-neu-se. et. mor-di-can-te. qui. lui. pi-co-te. les. mem-bra-nes. du. cer-veau. Or. cet-te. va-peur. que. nous. nom-mons. en. grec. *at-mos.* est. cau-sé-e. par. des. hu-meurs. pu-tri-des. te-na-ces. et. con-glu-ti-neu-ses. qui. sont. con-te-nu-es. dans. le. bas-ven-tre.

M. BAHYS.

Et, comme ces humeurs ont été là engendrées par une longue succession de temps, elles s'y sont recuites, et ont acquis cette malignité qui fume vers la région du cerveau.

M. MACROTON.

Si. bi-en. donc. que. pour. ti-rer. dé-ta-cher. ar-ra-cher. ex-pul-ser. é-va-cu-er. les-di-tes. hu-meurs. il. fau-dra. u-ne. pur-ga-ti-on. vi-gou-reu-se. Mais. au. pré-a-la-ble. je. trou-ve. à. pro-pos. et. il. n'y. a. pas. d'in-con-vé-ni-ent. d'u-ser. de. pe-tits. re-mè-des. a-no-dins. c'est-à-di-re. de. pe-tits. la-ve-ments. ré-mol-li-ents. et. dé-ter-sifs. de. ju-lets. et. de. si-rops. ra-fraî-chis-sants. qu'on. mê-le-ra. dans. sa. pti-sa-ne.

M. BAHYS.

Après, nous en viendrons à la purgation et à la saignée, que nous réitérerons s'il en est besoin.

M. MACROTON.

Ce. n'est. pas. qu'a-vec. tout. ce-la. vo-tre.

L'Amour médecin.

fil-le. ne. puis-se. mou-rir. mais. au. moins. vous. au-rez. fait. quel-que. cho-se. et. vous. au-rez. la. con-so-la-ti-on. qu'el-le. se-ra. mor-te. dans. les. for-mes.

M. Bahys.

Il vaut mieux mourir selon les règles que de réchapper contre les règles.

M. Macroton.

Nous. vous. di-sons. sin-cè-re-ment. no-tre. pen-sé-e.

M. Bahys.

Et vous avons parlé comme nous parlerions à notre propre frère.

Sganarelle, *à M. Macroton.*

Je vous rends très hum-bles grâ-ces. (*A monsieur Bahys.*) Et vous suis infiniment obligé de la peine que vous avez prise.

SCÈNE VI

SGANARELLE.

Me voilà justement un peu plus incertain que je n'étois auparavant. Morbleu! il me vient une fantaisie : il faut que j'aille acheter de l'orviétan, et que je lui en fasse prendre. L'orviétan est un remède dont beaucoup de gens se sont bien trouvés.

SCÈNE VII

L'OPÉRATEUR, SGANARELLE.

SGANARELLE.

Holà! Monsieur, je vous prie de me donner une boîte de votre orviétan, que je m'en vais vous payer.

L'OPÉRATEUR, *chantant*.

L'or de tous les climats qu'entoure l'Océan
Peut-il jamais payer ce secret d'importance ?
Mon remède guérit, par sa rare excellence,
Plus de maux qu'on n'en peut nombrer dans tout un an.
    La gale,
    La rogne,
    La tigne,
    La fièvre,
    La peste,
    La goutte,
    Vérole,
    Descente,
    Rougeole,
O grande puissance de l'orviétan!

SGANARELLE.

Monsieur, je crois que tout l'or du monde n'est pas capable de payer votre remède; mais pourtant voici une pièce de trente sols que vous prendrez, s'il vous plaît.

L'Opérateur, *chantant.*

Admirez mes bontés, et le peu qu'on vous vend
Ce trésor merveilleux que ma main vous dispense;
Vous pouvez avec lui braver en assurance
Tous les maux que sur nous l'ire du Ciel répand :
    La gale,
    La rogne,
    La tigne,
    La fièvre,
    La peste,
    La goutte,
    Vérole,
    Descente,
    Rougeole,
O grande puissance de l'orviétan !

DEUXIÈME ENTR'ACTE

Plusieurs Trivelins et plusieurs Scaramouches, valets de l'opérateur, se réjouissent en dansant.

ACTE III

SCÈNE PREMIÈRE

MESSIEURS FILERIN, TOMÈS ET DES FONANDRÈS.

M. Filerin.

N'avez-vous point de honte, Messieurs, de montrer si peu de prudence, pour des gens de votre âge, et de vous être querellés comme de jeunes étourdis? Ne voyez-vous pas bien quel tort ces sortes de querelles nous font parmi le monde? et n'est-ce pas assez que les savants voient les contrariétés et les dissensions qui sont entre nos auteurs et nos anciens maîtres, sans découvrir encore au peuple, par nos débats et nos querelles, la forfanterie de notre art? Pour moi, je ne comprends rien du tout à cette méchante politique de quelques-uns de nos gens. Et il faut confesser que toutes ces contestations nous ont décriés, depuis peu, d'une étrange manière, et que, si nous n'y prenons garde, nous allons nous ruiner nous-mêmes. Je n'en parle pas pour mon intérêt, car, Dieu merci! j'ai déjà établi mes petites affaires. Qu'il vente, qu'il pleuve, qu'il grêle, ceux qui sont morts sont morts, et j'ai de quoi me passer des vivants. Mais enfin toutes ces disputes ne valent rien pour la médecine. Puisque le Ciel nous fait la grâce que depuis tant de siècles on demeure infatué de nous, ne désabusons point les hommes avec nos cabales extravagantes, et profitons de leur sottise le plus doucement que nous pourrons. Nous ne sommes pas les seuls, comme vous savez, qui tâchons à nous prévaloir de la foiblesse humaine. C'est là que va l'étude de la plupart du monde, et chacun s'efforce de prendre les hommes par leur foible, pour en tirer quelque profit. Les flatteurs, par exemple, cherchent à profiter de l'amour que les hommes ont pour les louanges, en leur donnant tout le vain encens qu'ils souhaitent; et c'est un art où l'on fait, comme on voit, des fortunes considérables. Les alchimistes tâchent à profiter de la passion que l'on a pour les richesses, en promettant des montagnes d'or à ceux qui les écoutent; et les diseurs d'horoscope, par leurs prédictions trompeuses, profitent de la vanité et de l'ambition des crédules esprits. Mais le plus grand foible des hommes, c'est l'amour qu'ils ont pour la vie, et nous en profitons, nous autres, par notre pompeux galimatias, et savons prendre nos avantages de cette vénération que la peur de mourir leur donne pour notre métier. Conservons-nous donc dans le degré d'estime où leur foiblesse nous a mis, et soyons de concert auprès des malades pour nous attribuer les heureux succès de la maladie, et rejeter sur la nature toutes les bévues de notre art. N'allons point, dis-je, détruire sottement les heureuses préventions d'une erreur qui donne du pain à tant de personnes.

M. Tomès.

Vous avez raison en tout ce que vous dites; mais ce sont chaleurs de sang dont parfois on n'est pas le maître.

M. Filerin.

Allons donc, Messieurs, mettez bas toute rancune, et faisons ici votre accommodement.

M. Des Fonandrès.

J'y consens. Qu'il me passe mon émétique pour la malade dont il s'agit, et je lui passerai tout ce qu'il voudra pour le premier malade dont il sera question.

M. Filerin.

On ne peut pas mieux dire, et voilà se mettre à la raison.

M. Des Fonandrès.

Cela est fait.

M. Filerin.

Touchez donc là. Adieu. Une autre fois, montrez plus de prudence.

SCÈNE II

MESSIEURS TOMÈS, DES FONANDRÈS, LISETTE.

Lisette.

Quoi! Messieurs, vous voilà, et vous ne songez pas à réparer le tort qu'on vient de faire à la médecine?

M. Tomès.

Comment? qu'est-ce?

Lisette.

Un insolent qui a eu l'effronterie d'entreprendre sur votre métier, et qui, sans votre ordonnance, vient de tuer un homme d'un grand coup d'épée au travers du corps.

M. Tomès.

Écoutez, vous faites la railleuse; mais vous passerez par nos mains quelque jour.

LISETTE.

Je vous permets de me tuer lorsque j'aurai recours à vous.

SCÈNE III

LISETTE, CLITANDRE.

CLITANDRE.

Eh bien! Lisette, me trouves-tu bien ainsi?

LISETTE.

Le mieux du monde; et je vous attendois avec impatience. Enfin le Ciel m'a faite d'un naturel le plus humain du monde, et je ne puis voir deux amants soupirer l'un pour l'autre qu'il ne me prenne une tendresse charitable et un désir ardent de soulager les maux qu'ils souffrent. Je veux, à quelque prix que ce soit, tirer Lucinde de la tyrannie où elle est, et la mettre en votre pouvoir. Vous m'avez plu d'abord; je me connois en gens, et elle ne peut pas mieux choisir. L'amour risque des choses extraordinaires, et nous avons concerté ensemble une manière de stratagème qui pourra peut-être nous réussir. Toutes nos mesures sont déjà prises. L'homme à qui nous avons affaire n'est pas des plus fins de ce monde, et, si cette aventure nous manque, nous trouverons mille autre voies pour arriver à notre but. Attendez-moi là seulement, je reviens vous quérir.

SCÈNE IV

SGANARELLE, LISETTE.

LISETTE.

Monsieur, allégresse! allégresse!

SGANARELLE

Qu'est-ce?

LISETTE.

Réjouissez-vous.

SGANARELLE.

De quoi?

LISETTE.

Réjouissez-vous, vous dis-je.

SGANARELLE.

Dis-moi donc ce que c'est, et puis je me réjouirai peut-être.

LISETTE.

Non, je veux que vous vous réjouissiez auparavant, que vous chantiez, que vous dansiez.

SGANARELLE.

Sur quoi?

LISETTE.

Sur ma parole.

SGANARELLE.

Allons donc, la léra la la, la léra la! Que diable!

LISETTE.

Monsieur, votre fille est guérie.

SGANARELLE.

Ma fille est guérie !

LISETTE.

Oui. Je vous amène un médecin, mais un médecin d'importance, qui fait des cures merveilleuses, et qui se moque des autres médecins.

SGANARELLE.

Où est-il?

LISETTE.

Je vais le faire entrer.

SGANARELLE.

Il faut voir si celui-ci fera plus que les autres.

SCÈNE V

CLITANDRE, EN HABIT DE MÉDECIN, SGANARELLE, LISETTE.

LISETTE.

Le voici.

SGANARELLE.

Voilà un médecin qui a la barbe bien jeune.

LISETTE.

La science ne se mesure pas à la barbe, et ce n'est pas par le menton qu'il est habile.

SGANARELLE.

Monsieur, on m'a dit que vous aviez des remèdes admirables pour faire aller à la selle.

CLITANDRE.

Monsieur, mes remèdes sont différents de ceux des autres : ils ont l'émétique, les saignées, les médecines et les lavements; mais moi, je guéris par des paroles, par des sons, par des lettres, par des talismans et par des anneaux constellés.

LISETTE.

Que vous ai-je dit?

SGANARELLE.

Voilà un grand homme.

LISETTE.

Monsieur, comme votre fille est là toute habillée dans une chaise, je vais la faire passer ici.

SGANARELLE.

Oui, fais.

CLITANDRE, *tâtant le pouls à Sganarelle.*

Votre fille est bien malade.

SGANARELLE.

Vous connoissez cela ici?

CLITANDRE.

Oui, par la sympathie qu'il y a entre le père et la fille.

SCÈNE VI

LUCINDE, LISETTE, SGANARELLE, CLITANDRE.

LISETTE.
Tenez, Monsieur, voilà une chaise auprès d'elle. Allons, laissez-les là tous deux.
SGANARELLE.
Pourquoi? Je veux demeurer là.
LISETTE.
Vous moquez-vous? Il faut s'éloigner : un médecin a cent choses à demander qu'il n'est pas honnête qu'un homme entende.
CLITANDRE, *parlant à Lucinde à part.*
Ah! Madame, que le ravissement où je me trouve est grand! et que je sais peu par où vous commencer mon discours! Tant que je ne vous ai parlé que des yeux, j'avois, ce me sembloit, cent choses à vous dire, et, maintenant que j'ai la liberté de vous parler de la façon que je souhaitois, je demeure interdit, et la grande joie où je suis étouffe toutes mes paroles.
LUCINDE.
Je puis vous dire la même chose, et je sens

comme vous des mouvements de joie qui m'empêchent de pouvoir parler.

CLITANDRE.

Ah! Madame, que je serois heureux s'il étoit vrai que vous sentissiez tout ce que je sens, et qu'il me fût permis de juger de votre âme par la mienne! Mais, Madame, puis-je au moins croire que ce soit à vous à qui je doive la pensée de cet heureux stratagème qui me fait jouir de votre présence?

LUCINDE.

Si vous ne m'en devez pas la pensée, vous m'êtes redevable au moins d'en avoir approuvé la proposition avec beaucoup de joie.

SGANARELLE, *à Lisette.*

Il me semble qu'il lui parle de bien près.

LISETTE, *à Sganarelle.*

C'est qu'il observe sa physionomie et tous les traits de son visage.

CLITANDRE, *à Lucinde.*

Serez-vous constante, Madame, dans ces bontés que vous me témoignez?

LUCINDE.

Mais vous, serez-vous ferme dans les résolutions que vous avez montrées?

CLITANDRE.

Ah! Madame, jusqu'à la mort! Je n'ai point

de plus forte envie que d'être à vous, et je vais le faire paroître dans ce que vous m'allez voir faire.

SGANARELLE, à Clitandre.

Hé bien! notre malade, elle me semble un peu plus gaie.

CLITANDRE.

C'est que j'ai déjà fait agir sur elle un de ces remèdes que mon art m'enseigne. Comme l'esprit a grand empire sur le corps, et que c'est de lui bien souvent que procèdent les maladies, ma coutume est de courir à guérir les esprits avant que de venir au corps. J'ai donc observé ses regards, les traits de son visage et les lignes de ses deux mains, et, par la science que le Ciel m'a donnée, j'ai reconnu que c'étoit de l'esprit qu'elle étoit malade, et que tout son mal ne venoit que d'une imagination déréglée, d'un désir dépravé de vouloir être mariée. Pour moi, je ne vois rien de plus extravagant et de plus ridicule que cette envie qu'on a du mariage.

SGANARELLE, à part.

Voilà un habile homme!

CLITANDRE.

Et j'ai eu et aurai pour lui, toute ma vie, une aversion effroyable.

SGANARELLE, à part.

Voilà un grand médecin!

Clitandre.

Mais, comme il faut flatter l'imagination des malades, et que j'ai vu en elle de l'aliénation d'esprit, et même qu'il y avoit du péril à ne lui pas donner un prompt secours, je l'ai prise par son foible, et lui ai dit que j'étois venu ici pour vous la demander en mariage. Soudain son visage a changé, son teint s'est éclairci, ses yeux se sont animés; et, si vous voulez pour quelques jours l'entretenir dans cette erreur, vous verrez que nous la tirerons d'où elle est.

Sganarelle.

Oui-da, je le veux bien.

Clitandre.

Après, nous ferons agir d'autres remèdes pour la guérir entièrement de cette fantaisie.

Sganarelle.

Oui, cela est le mieux du monde. Hé bien! ma fille, voilà monsieur qui a envie de t'épouser, et je lui ai dit que je le voulois bien.

Lucinde.

Hélas! est-il possible?

Sganarelle.

Oui.

Lucinde.

Mais tout de bon?

Sganarelle.

Oui, oui.

LUCINDE.

Quoi, vous êtes dans les sentiments d'être mon mari ?

CLITANDRE.

Oui, Madame.

LUCINDE.

Et mon père y consent ?

SGANARELLE.

Oui, ma fille.

LUCINDE.

Ah ! que je suis heureuse, si cela est véritable !

CLITANDRE.

N'en doutez point, Madame ; ce n'est pas d'aujourd'hui que je vous aime et que je brûle de me voir votre mari. Je ne suis venu ici que pour cela ; et, si vous voulez que je vous dise nettement les choses comme elles sont, cet habit n'est qu'un pur prétexte inventé, et je n'ai fait le médecin que pour m'approcher de vous et obtenir ce que je souhaite.

LUCINDE.

C'est me donner des marques d'un amour bien tendre, et j'y suis sensible autant que je puis.

SGANARELLE.

Oh ! la folle ! Oh ! la folle ! Oh ! la folle !

LUCINDE.

Vous voulez donc bien, mon père, me donner Monsieur pour époux ?

SGANARELLE.

Oui. Çà, donne-moi ta main. Donnez-moi un peu aussi la vôtre, pour voir.

CLITANDRE.

Mais, Monsieur...

SGANARELLE, *s'étouffant de rire.*

Non, non, c'est pour... pour lui contenter l'esprit. Touchez là. Voilà qui est fait.

CLITANDRE.

Acceptez pour gage de ma foi cet anneau que je vous donne : c'est un anneau constellé, qui guérit les égarements d'esprit.

LUCINDE.

Faisons donc le contrat, afin que rien n'y manque.

CLITANDRE.

Hélas! je le veux bien, Madame. (*A Sganarelle.*) Je vais faire monter l'homme qui écrit mes remèdes, et lui faire croire que c'est un notaire.

SGANARELLE.

Fort bien.

CLITANDRE.

Holà! faites monter le notaire que j'ai amené avec moi.

LUCINDE.

Quoi! vous aviez amené un notaire?

CLITANDRE.

Oui, Madame.

LUCINDE.

J'en suis ravie.

SGANARELLE.

Oh! la folle! Oh! la folle!

SCÈNE VII

LE NOTAIRE, CLITANDRE, SGANARELLE, LUCINDE, LISETTE.

(Clitandre parle au notaire à l'oreille.)

SGANARELLE.

Oui, Monsieur, il faut faire un contrat pour ces deux personnes-là. Écrivez. (*Le notaire écrit.*) Voilà le contrat qu'on fait : je lui donne vingt mille écus en mariage. Écrivez.

(Le notaire écrit.)

LUCINDE.

Je vous suis bien obligée, mon père.

LE NOTAIRE.

Voilà qui est fait : vous n'avez qu'à venir signer.

SGANARELLE.

Voilà un contrat bientôt bâti.

CLITANDRE.

Au moins...

SGANARELLE.

Hé! non, vous dis-je : sait-on pas bien? Allons, donnez-lui la plume pour signer. Allons, signe, signe, signe. Va, va, je signerai tantôt, moi.

LUCINDE.

Non, non : je veux avoir le contrat entre mes mains.

SGANARELLE.

Eh bien! tiens. Es-tu contente?

LUCINDE.

Plus qu'on ne peut s'imaginer.

SGANARELLE.

Voilà qui est bien, voilà qui est bien.

CLITANDRE.

Au reste, je n'ai pas eu seulement la précaution d'amener un notaire, j'ai eu celle encore de faire venir des voix et des instruments pour célébrer la fête et pour nous réjouir. Qu'on les fasse venir. Ce sont des gens que je mène avec moi, et dont je me sers tous les jours pour pacifier avec leur harmonie les troubles de l'esprit.

SCÈNE DERNIÈRE
LA COMÉDIE, LE BALLET
ET LA MUSIQUE

Tous Trois ensemble.

Sans nous tous les hommes
Deviendraient malsains,
Et c'est nous qui sommes
Leurs grands médecins.

La Comédie.

Veut-on qu'on rabatte
Par des moyens doux
Les vapeurs de rate
Qui vous minent tous ?
Qu'on laisse Hippocrate,
Et qu'on vienne à nous.

Tous Trois ensemble.

Sans nous...

(*Durant qu'ils chantent, et que les Jeux, les Ris et les Plaisirs dansent, Clitandre emmène Lucinde.*)

Sganarelle.

Voilà une plaisante façon de guérir. Où est donc ma fille et le médecin ?

Lisette.

Ils sont allés achever le reste du mariage.

SGANARELLE.

Comment! le mariage?

LISETTE.

Ma foi, Monsieur, la bécasse est bridée, et vous avez cru faire un jeu, qui demeure une vérité.

SGANARELLE.

(*Les danseurs le retiennent et veulent le faire danser de force.*)

Comment! diable! Laissez-moi aller; laissez-moi aller, vous dis-je. Encore? Peste des gens!

NOTES

LES PERSONNAGES.

P. 4, l. 3. *Aminte*. Molière n'aimait pas ce nom pastoral, qu'il avait déjà ridiculisé dans les *Précieuses*.

— 5. *M. Guillaume*. C'est le nom du marchand de draps dans la farce de *Pathelin*. Gui Patin, dans une lettre du 13 juillet 1660, parle d'un marchand, *M. Guillaume*, dont la maison a été brûlée la veille.

— 9. *M. Tomès*, le phlébotomiste, du grec τομή, coupure, saignée.

— 10. *M. Des Fonandrès*, désignant Des Fougerais, l'homicide, de φονεύω, je tue, et ἄνδρα, homme.

— 11. *M. Macroton*, qui parle lentement, de μακρός, long, et τόνος, ton.

— 12. *M. Bahys*, aboyeur, bredouilleur, de βαύζειν, aboyer.

— 13. *M. Filerin*, qui aime la dispute, de φιλέω, j'aime, et ἔριν, dispute.

— 16. *Opérateur*, charlatan qui débite des drogues sur les places publiques.

4, 16. *Orviétan.* L'un des plus fameux opérateurs du temps était un Italien d'Orvieto; on le connaissait sous le nom d'*Orvietano*, orviétan, qu'on appliqua à tous les opérateurs, et ensuite à la drogue qu'ils vendaient.

— 17. *Trivelins et Scaramouches.* Personnages de la comédie italienne, le premier portant le costume et le masque d'Arlequin, mais sans batte; le second tout de noir habillé. Le Trivelin et le Scaramouche de 1665 étaient Domenico Lucatelli et Tiberio Fiurilli, qui alternaient avec Molière sur la scène du Palais-Royal.

ACTE PREMIER.

7, 9. *Qui terre a guerre a.* Proverbe du moyen âge, que l'on trouve aussi chez les Italiens : « *Chi compra terra compra guerra.* »

— 10. « Je n'avais qu'*une* femme, qui est morte. — Et combien donc en *vouliez*-vous avoir? — Elle est morte, Monsieur *Guillaume*, mon ami. » (Variantes de 1682.)

8, 21. *Braverie*, élégance, coquetterie dans la parure. Cf. *Précieuses ridicules*, sc. XVI.

— 28. *Tapisserie de verdure ou à personnages*, c'est-à-dire représentant des arbres, un paysage, ou des scènes historiques, mythologiques, etc. Molière avait chez lui une tenture de tapisserie de verdure de Flandre en six pièces, prisée à sa mort huit cents livres. — Quelquefois la tapisserie était à verdure *et* à personnages, comme celle que possédait la fille de Molière au moment de son mariage : « une tenture de tapisserie, verdure de Flandres, à petits personnages, contenant quatre pièces. », prisée onze cents livres.

9, 21. « *Vous êtes orfèvre, Monsieur Josse.* » Phrase devenue proverbe. « Vous vendez des tapisseries, Monsieur Guillaume », qui signifie exactement la même chose, n'a pas eu la même fortune. — On sait que le père de Molière était tapissier.

11, 9. *Plus brave que toi.* Adjectif de *braverie* dans le sens expliqué plus haut. Cf. *École des femmes* (acte V, sc. iv). On disait aussi « propre » dans le même sens d'élégant, de paré. Cf. *Bourgeois gentilhomme*, acte III, sc. iv.

— 13. *Cabinet de la foire Saint-Laurent.* Petit meuble de bois précieux ou en marqueterie, à volets et à nombreux tiroirs, dans lequel on serrait l'argent, les bijoux, les papiers. On en vendait, parmi toutes sortes de marchandises et curiosités, à la foire Saint-Germain ou Saint-Laurent, selon la saison. La première avait lieu à la fin de l'hiver (du 3 février à la veille des Rameaux). La foire Saint-Laurent, qui se tenait près de l'église de ce nom, entre les faubourgs Saint-Denis et Saint-Martin, sur l'emplacement actuel de la gare de l'Est, durait, depuis 1661, trois mois entiers (du 28 juin au 29 septembre); elle était donc encore ouverte au moment de la première représentation de *l'Amour médecin*.

12, 22. *Les promenades et les cadeaux.* Cadeau signifiait en général une partie de plaisir, le plus souvent à la campagne, quelquefois avec musique, danse, collation ou repas. Cf. *Précieuses ridicules* (sc. x), *École des femmes* (acte III, sc. ii, et acte IV, sc. viii), *Mariage forcé* (sc. iv), *Amants magnifiques* (acte I, sc. i), et *Bourgeois gentilhomme* (acte III, sc. vi et xviii).

18, 19. *Ah! malheur! ah! disgrâce!* Molière a reproduit ce jeu de scène au deuxième acte des *Fourberies de Scapin* (sc. vii).

21, 10. *Elle m'est demeurée entre les bras.* L'édition de 1682 ajoute : « SGANARELLE. Elle est morte? — LISETTE. Non, Monsieur. »

ACTE SECOND.

23, 3. *Elle est morte de quatre médecins.* L'épitaphe de l'empereur Adrien disait : « *Turba medicorum perii* », je suis mort de quantité de médecins.

26, 22. *J'ai une mule admirable.* Les médecins d'alors parcouraient Paris gravement montés sur des mules.

27, 4. *Un cheval merveilleux.* Ce trait concerne Guénault, qui le premier remplaça la mule par un cheval :

Guénault sur son cheval en passant m'éclabousse,

dit Boileau dans ses *Embarras de Paris* (Satire VI).

— 11. *La Porte Saint-Honoré,* l'une des portes de la ville, entièrement reconstruite de 1633 à 1635, était située à l'angle des rues Saint-Honoré et Royale, à soixante-deux mètres au delà du coin de la rue Saint-Florentin. Elle avait environ quatre toises trois pieds de profondeur sur neuf toises trois pieds de largeur. D'après une jolie vue de la porte Saint-Honoré au milieu du XVIIe siècle, gravée par Israël Silvestre, les armes de la ville étaient sculptées au-dessus de la baie servant de passage. Elle fut abattue en 1733.

— 14. *Porte de Richelieu,* ou porte Royale, élevée vers 1636, démolie en 1693, était située entre les numéros 78 et 80 actuels de la rue de Richelieu, vers la rue de la Bourse. Largeur : 6 toises ; profondeur : 4 1/2 ; hauteur : 5 toises.

— 18. *Ruel,* bourg à trois lieues de Paris, sur la route de Saint-Germain ; ancienne résidence de Richelieu, léguée à la duchesse d'Aiguillon, nièce du cardinal.

28, 11. *Un médecin de dehors,* c'est-à-dire un docteur de Montpellier ou quelque empirique de province. En 1668, le grand Conseil rendit un arrêt reconnaissant formellement aux médecins étrangers le droit d'exercer dans la capitale, à la condition qu'ils feraient apparoir leurs lettres de doctorat et se feraient inscrire sur les registres dudit Conseil.

— 21. *Leur montrer leur bec jaune.* Ignorance, naïveté, sottise. Nous avons rencontré cette expression dans *Dom Juan* (acte II, sc. v); nous la retrouverons dans *le Malade imaginaire* (acte III, sc. xvi).

30, 17. *Trop de réplétion,* abondance excessive de sang et d'humeurs.

— 18. *De l'émétique.* On sait que Guénault était grand partisan de l'antimoine, qui faisait alors alors « bruire ses fuseaux ». Le 18 décembre de cette même année 1665, Jacques Thévert présenta au Parlement une requête tendant à obtenir l'existence légale de l'antimoine.

— 26. *Je vous prêterai le collet.* Je soutiendrai la lutte.

33, 3. *Vapeur fuligineuse et mordicante,* qui porte avec elle une espèce de suie (*fuligo,* suie) dont l'âcreté produit l'effet d'une petite morsure. Un des médecins de *M. de Pourceaugnac* dira : « Beaucoup de *fuligines* épaisses et crasses (acte I, sc. xi).

— 6. *En grec atmos :* ἀτμός signifie en effet vapeur.

— 21. *Lavements rémollients et détersifs,* qui adoucissent et font déterger.

— 22. *Julets,* prononciation populaire de juleps.

— 23. *Ptisane.* Du latin *ptisana,* tisane. Gui Patin, dans ses *Lettres,* écrit toujours « ptisanne ».

34, 20. *Un peu plus incertain que je n'étais auparavant.* C'est la traduction de l'*Incertior sum multo quam dudum* de Térence (*Phormio,* acte II, sc. iv).

— 22. *De l'orviétan,* onguent d'Orvieto, espèce d'opiat ou de thériaque que débitait, à la place Dauphine ou sur le Pont-Neuf, lorsque Molière était enfant, il signor Hieronimo Ferranti, d'Orvieto. Il eut pour successeur Christoforo Contugi, dit *l'Orviétan*, qui, à l'époque de *l'Amour médecin*, prenait les titres de « médecin romain » et « d'officier du Roy ». Il mourut en 1681. Son fils Louis-Anne Contugi avait obtenu, le 31 juillet précédent, le privilège de composer et vendre de l'orviétan de Rome. Son fils Jean-Louis obtint sa survivance le 24 avril 1694. Les Contugi tenaient boutique quai des Grands-Augustins, à l'encoignure de la rue Dauphine.

36, 17. *Valets de l'Opérateur*. Les vendeurs d'orviétan enrôlaient des comédiens et des bouffons, souvent italiens, pour jouer des farces sur leur théâtre et attirer ainsi la foule des badauds. Tout le monde connaît Mondor et Tabarin, Descombes et Grattelard. S'il faut en croire Le Boulanger de Chalussay, auteur d'*Élomire hypocondre*, Molière lui-même aurait commencé chez l'Orviétan, et peut-être chez le fameux opérateur Barry. Vers 1650, Lulli, habillé en arlequin, divertissait le peuple de Florence en jouant du violon sur le théâtre d'un Orviétan.

ACTE TROISIÈME.

37. Sur tout ce couplet de Filerin, voir Montaigne, *Essais*, liv. II, chap. 37.

39, 12. *Qui donne du pain à tant de personnes*. L'édition de 1682 ajoute : « et, de l'argent de ceux que nous mettons en terre, nous fait élever de tous côtés de si beaux héritages ».

— 19. *Mettez bas toute rancune*. Déposez, quittez toute rancune. Cf. *École des maris* (acte II, sc. III).

41, 7. Entre « *Hé! bien! Lisette* » et « *Me trouves-tu bien ainsi?* » le texte de 1682 a intercalé : « Que dis-tu de mon équipage ? Crois-tu qu'avec cet habit je puisse duper le bonhomme ? »

44, 2. *La science ne se mesure pas à la barbe.* Ce ne sera pas l'avis de Toinette, la servante d'Argan, qui dira à son maître : « Tenez, Monsieur, il n'y aurait que votre barbe, c'est déjà beaucoup, et *la barbe fait plus de la moitié d'un médecin* » ; et M. Maurice Raynaud a signalé une thèse sur cette grave question : *An medico barba?*

Le frontispice de l'édition originale de *l'Amour médecin* représente l'un des quatre médecins avec une longue barbe.

— 12. *Anneaux constellés,* « fabriqués sous une constellation, ou qui en portent la marque ». (Littré, v° *Constellé.*)

— 23. *Votre fille est bien malade.* A rapprocher de ce passage du *Médecin volant,* sc. IV :

« SGANARELLE, *à Gorgibus.* — Mais encore, voyons un peu.

« SABINE. — Eh! ce n'est pas lui qui est malade, c'est sa fille.

« SGANARELLE. — Il n'importe : le sang du père et de la fille ne sont qu'une même chose, et, par l'altération de celui du père, je puis connaître la maladie de la fille. »

Voir aussi la farce italienne *Il Medico volante* et *le Médecin volant* de Boursault (acte I, sc. XI).

49, 19. Obtenir *plus facilement* ce que je souhaite. (Var. de 1682.)

52, 3. Au lieu de « signe, signe, signe », l'édition originale porte « *signé, signé, signé* » ; ce ne peut être là qu'une faute d'impression, qui d'ailleurs n'a été reproduite ni dans la deuxième édition, de 1669, ni dans celle de 1674, ni enfin dans l'édition de 1682, revue et corrigée par les soins de La Grange, qui jouait dans cette scène le rôle de Clitandre.

53. — Le manuscrit de Philidor donne un second couplet, qui n'a été imprimé que par M. Paul Mesnard, en note, dans le Molière de la collection des *Grands Écrivains.*

54, 4. *La bécasse est bridée.* Pour chasser la bécasse, on tend des lacets ou collets où l'oiseau se bride lui-même. Ainsi se trouve pris Sganarelle, dont on peut dire ce qu'on dit vulgairement d'une personne crédule et sans esprit : c'est une bécasse. Le métayer Grégoire dira de même, dans *l'École des pères, ou les Fils ingrats,* de Piron (1728) :

« *Çà! bridons la bécasse! et quemançons mon rôle.* »
(Acte IV, sc. XVI.)

Le dénouement, imité du *Pédant joué,* auquel Molière a puisé à plusieurs reprises, rachète à lui seul, — dit M. Ed. Thierry, — tous les dénouements négligés de Molière.

A PARIS
DES PRESSES DE D. JOUAUST
Rue de Lille, 7
M DCCC XCII

LES PIÈCES DE MOLIÈRE

PUBLIÉES SÉPARÉMENT

Avec Dessins de Louis Leloir, gravés par Champollion

NOTICES ET NOTES PAR AUGUSTE VITU

EN VENTE : L'Étourdi, 6 fr. — Dépit amoureux, 6 fr. — Les Précieuses ridicules, 4 fr. 50. — Sganarelle, ou le Cocu imaginaire, 4 fr. 50. — Dom Garcie de Navarre, 5 fr. 50. — L'École des Maris, 5 fr. — Les Fâcheux, 5 fr. — L'École des Femmes, 6 fr. — La Critique de l'École des Femmes, 5 fr. — L'Impromptu de Versailles, 4 fr. 50. — Le Mariage forcé, 5 fr. — La Princesse d'Élide, 5 fr. — Dom Juan, 6 fr.

SOUS PRESSE : Le Misanthrope.

DANS LE MÊME FORMAT

PETITE BIBLIOTHÈQUE ARTISTIQUE

Comprenant plus de 100 volumes

Derniers ouvrages publiés :

CONTES DE LA FONTAINE, dessins d'ED. DE BEAUMONT, gravés par BOILVIN. 2 vol. . . . . 35 fr.
FABLES DE LA FONTAINE, dessins d'ÉMILE ADAN, gravés par LE RAT. 2 vol. . . . . 40 fr.
LETTRES PERSANES, de Montesquieu, dessins d'ED. DE BEAUMONT, gravés par BOILVIN. 2 vol. . . . . . 30 fr.
FABLES DE FLORIAN, dessins d'ÉMILE ADAN, gravés par LE RAT. . . . . 20 fr.
WERTHER, de Goethe, gravures de LALAUZE. . . 20 fr.
LES QUINZE JOYES DE MARIAGE, 21 gravures de LALAUZE imprimées dans le texte. . . . . 30 fr.
MES PRISONS, dess. de BRAMTOT, gr. par TOUSSAINT. 20 fr.
LES CAQUETS DE L'ACCOUCHÉE, 14 gravures de LALAUZE imprimées dans le texte. . . . . 25 fr.
LE VICAIRE DE WAKEFIELD, gravures de LALAUZE. 2 vol. . . . . 25 fr.
LA NOUVELLE HÉLOÏSE, gravures d'HÉDOUIN hors texte, gravures de LALAUZE dans le texte. 6 vol. . . . 45 fr.
MÉMOIRES DE MADAME DE STAAL, 9 gravures hors texte et 31 gravures dans le texte, par LALAUZE. 2 vol. 50 fr.

NOTA. — *Ces prix sont ceux du format in-16, pap. de Hollande. — Voir le Catalogue de la Librairie pour la liste complète de la collection et les exemplaires de grand luxe.*

www.ingramcontent.com/pod-product-compliance
Lightning Source LLC
LaVergne TN
LVHW050635090426
835512LV00007B/873